AMBIGU.

PARIS,

Chez CORRÉARD, libraire, Palais-Royal, galerie de bois.

23 mai 1820.

AMBIGU.

TOULOUSE,

le 15 mai 1820.

Je vous ai promis, mon cher ami, de vous instruire de tout ce qui se passerait ici, je continue de remplir la promesse que je vous ai faite.

La société outragée dans la personne d'un de ses membres les plus estimables, vient enfin d'obtenir contre un vil calomniateur la vengeance éclatante qu'elle attendait avec tant d'impatience.

L'affaire du sieur Durand de S. Gaudens, contre *Ducasse* éditeur responsable du *Drapeau blanc*, a été appelée ces jours derniers à la chambre de police correctionnelle de la cour royale ; j'ai le plaisir de vous annoncer que les derniers juges ont confirmé à l'unanimité le premier jugement qui, comme vous le savez, condamnait Ducasse à deux mois de prison, 1000 f. de dommages, 300 f. d'amende, et à l'impression de 500 exemplaires de l'arrêt. Comme cette affaire a été plaidée avec beaucoup de solennité, je crois devoir vous donner quelques détails.

Le barreau de Toulouse possède un avocat qui est le défenseur né de tous les hommes monarchiques ; c'est cet avocat qui défendit en 1815 les meurtriers du général Ramel, et qui parvint à les soustraire au supplice, en prouvant à leurs juges, qu'on ne devait pas les considérer comme des assassins, mais plutôt comme des instrumens dont la main de Dieu avait fait usage pour délivrer la société d'un scélérat ; c'est à lui que Ducasse avait confié le soin de sa défense ; malheureusement pour lui, Me Carle n'a été dans cette occasion, ni aussi heureux ni aussi habile qu'il l'avait été dans la cause dont je vous ai parlé. Son plaidoyer a été pitoyable, et malgré toutes les grossièretés, toutes les diatribes dont il a honoré le parti libéral, il n'a pu trouver grâce même auprès des gens de son parti.

Fier, en parlant pour M. Durand, d'avoir à défendre non seulement son honorable client et son ami, mais d'avoir à venger l'insulte faite à six cent trente deux électeurs qui aux dernières élections l'avaient honoré de leurs suffrages, M. Romigueres a déployé dans cette cause tout le beau talent dont la nature l'a doué. Le plaidoyer qu'il a prononcé pourrait sans contredit le disputer à tout ce que la France possède de chef-d'œuvre en ce genre.

Honneur soit rendu à M. Cavalié, avocat général, membre distingué du barreau de Toulouse, il fut appelé l'an dernier aux fonctions du ministère public, qu'il avait déjà remplies pendant les cent jours. Pour ce grief il était déjà riche de toute la haine des ultrà. Quels plus forts droits ne vient-il pas d'acquérir à leur inimitié par l'opinion qu'il a courageusement émise dans cette cause ? Soutenir en effet, que la calomnie avait établi domicile au bureau du *Drapeau blanc* ; traiter de factieuse et d'anarchique l'épigraphe de ce journal *vive le roi, quand même* ; conclure enfin, en faveur de M. Durand, c'est bien, pour

(5)

tout honnête ultrà, une conduite à jamais impardonnable. Heureusement M. Cavalié tient à honneur leur haine comme leur calomnie.

Je ne vous rapporterai pas une foule de traits glorieux de la vie de M. Durand, qui ont été cités par son défen- seur, je craindrais de faire souffrir une seconde fois sa modestie. Je ne puis cependant résister au désir de vous rapporter un propos qui fut tenu sur son compte, et qui met dans tout son jour la mauvaise foi des hommes mo- narchiques de Toulouse.

M. M..... est un de ces honnêtes libraires de province, à qui certes l'on ne pourrait reprocher le savoir et les talens qui distinguent certains libraires de la capitale; élevé dans la crainte de Dieu et des vicaires généraux, il a toujours borné ses travaux typographiques à l'impression du caté- chisme et de l'alphabet. M. M.... n'a jamais pu pardonner aux vandales révolutionnaires d'avoir insulté l'enseigne de son magasin, sur laquelle était peinte une croix au milieu d'une auréole surmontée de cette devise, *in hoc signo vinces*, et au bas de laquelle on lisait son nom escorté de cette épithète *libraire apostolique*. Après de pareilles offenses, on ne peut être décemment qu'ultra. Aussi son magasin est-il le rendez-vous habituel de tous les honnêtes gens du quar- tier. Un beau jour, avant les élections ils y déchiraient à belles dents l'honorable M. Durand. Pourquoi traiter de la sorte un homme dont chacun vante la probité, leur dit un jeune avocat que le hasard y avait conduit. —Nous lui rendons justice comme vous, mais la calomnie est un moyen nécessaire pour éloigner un candidat aussi dange- reux. —Et vous ne rougissez pas d'employer ce vil moyen. —Non, monsieur, repartit un nouveau bridoison conseiller à la cour, car vous saurez qu'il n'est point d'action, quelque coupable qu'elle paraisse, qu'on ne puisse légitimer par la noblesse des motifs qui la font commettre. — Vous voyez que la morale des don Bazile et 'des Escobart est assez familière à nos honnêtes ultra.

Il paraît décidément que la censure sera exercée selon les principes de M. Pasquier. Non content de nous envoyer de Paris des journaux tout mutilés , il fait encore arrêter les diverses brochures qui nous arrivaient de la capitale, et qui nous instruisaient de tout ce qui pouvait nous intéresser. Hier, celles qui sont arrivées par le courrier, ont été saisies au bureau de la poste par ordre du préfet , et l'on a en outre saisi dans toutes les maisons publiques, *le Porte feuille politique*, *la galerie* etc. qui nous étaient parvenus depuis plusieurs jours

Je présume que la brochure que vous m'aviez adressée a eu le même sort, car je ne l'ai pas reçue. Adieu, mon cher ami, je vous instruirai soigneusement de tout ce qui pourra parvenir.

Dialogue entre un citoyen et un député du centre.

LE CITOYEN.

Eh bien ! mon cher , que pensez-vous du nouveau mode d'élections ? Croyez-vous qu'il sera adopté par la majorité de la chambre ? Etes-vous dans l'intention de lui accorder votre suffrage ?

LE DÉPUTÉ.

Ma foi, la question est ardue et difficile à résoudre. D'un côté l'on nous dit que la nouvelle loi d'élection, peut seule sauver la monarchie ; de l'autre côté , on assure qu'elle est subversive de toutes nos libertés , et qu'elle doit amener de nouvelles commotions politiques. Moi, qui ne suis d'aucun côté et qui me trouve placé au milieu, je ne sais si je dois me tourner à droite ou à gauche ; partout je vois des périls pour l'état et pour moi......... : dans cette incertitude je ne sais que résoudre.

LE CITOYEN.

Je suis bien certain que vous ne voudriez pas la contre-révolution ; enfant de la révolution, vous n'êtes point de ces fils ingrats qui battent leur mère et leur bienfaitrice : car enfin, sans la révolution, vous en conviendrez, mon ami, vous ne seriez qu'un petit bourgeois, et je ne sais si vous seriez jamais parvenu au rang de consul ou d'échevin dans votre petite ville.

LE DÉPUTÉ.

Oui, je conviens que la révolution a eu du bon : le mérite a pu se mettre naturellement à sa place, les talens ont été récompensés ; mais à présent que la révolution est accomplie, maintenant que je me trouve bien, je veux y rester, et je veux le maintien de ce qui est ; je veux que ceux qui ont des places les conservent paisiblement : je suis essentiellement partisan de la stabilité.

LE CITOYEN.

J'entends ; mais si vous êtes l'ennemi des changemens, vous devez vous réunir aux libéraux : ce sont les ultra qui désirent une révolution ; les libéraux pensent comme vous, ils veulent ce qui est.

LE DÉPUTÉ.

Mais si les libéraux étaient des jacobins, des révolutionnaires, comment se fier à leurs protestations, à leurs promesses ?

LE CITOYEN.

Songez donc que ce sont les ultrà qui les traitent de révolutionnaires. Le mot de révolutionnaire , dans leur
bouche , signifie ennemi des priviléges. Est-ce que vous
pencheriez pour les ultrà, par hasard ?

LE DÉPUTÉ.

Non ; mais ce ne sont pas seulement les ultrà qui ont
accusé les libéraux d'avoir une arrière-penséé , les ministres leur ont auss reproché de caresser les passions po-
pulaires ; et, quoi qu'on en dise, j'ai grande confiance aux
paroles d'un ministre , parce qu'un ministre ne peut ja-
maìs mentir.

LE CITOYEN.

Mais il peut être dans l'erreur. Par exemple , je crois
bien comme vous que M. Siméon est de bien bonne foi :
il a dit lui-même qu'il s'était trompé l'année dernière , et
qu'il était fort possible qu'il se trompât encore cette année:
Errare humanum est.

LE DÉPUTÉ.

Je sais bien que les ministres ne sont pas infaillibles ;
mais , que diable ! il ne faut pas toujours les taxer d'impé-
ritie ou de mauvaise foi. Depuis six ans nous avons eu je
ne sais combien de ministres., et l'on n'a été content d'aucun. Les libéraux contrôlent tout, il n'est rien de sacré
pour eux ; pour peu que cela continue encore dix ans , on
ne trouvera pas un fonctionnaire ; il faudra faire une loi
pour forcer les citoyens d'accepter les charges publiques.

LE CITOYEN.

Avez-vous entendu ce qu'a dit M. Royer-Collard dans
on discours ? Rappelez-vous ces paroles remarquables :

« Il faut que la France ait un gouvernement : depuis six ans elle n'en a point. Voilà pourquoi on a tant murmuré contre les ministres et contre leurs agens. Si , sortant des limites d'une politique étroite , ils eussent fait exécuter la charte et rien que la charte ; s'ils n'avaient point adopté un funeste système de bascule , ils seraient encore à leur poste , et nous ne serions pas où nous sommes. » Croyez-vous que M. Royer-Collard soit un révolutionnaire ? Celui-là a été des vôtres , et certainement il n'est pas l'ennemi du pouvoir.

LE DÉPUTÉ.

A la bonne heure.

LE CITOYEN.

M. Courvoisier est fonctionnaire public ?

LE DÉPUTÉ.

Oui ; et je crains qu'il ne le soit pas long-temps.

LE CITOYEN.

Mais si la majorité est contraire au nouveau projet d'élection , ou le ministère sera changé , ou il sera obligé de changer de système. Dans l'un et l'autre cas , les fonctionnaires qui auront voté contre le projet conserveront les places qu'ils occupent.

LE DÉPUTÉ.

Vous le croyez !

LE CITOYEN.

Très-certainement. A propos que dites-vous du dernier discours de M. de Bonald ?

LE DÉPUTÉ.

Je dis que M. de Bonald est un fort mauvais plaisant.

LE CITOYEN.

Revenons à la loi proposée. Etes-vous décidé à voter pour ou contre ?

LE DÉPUTÉ.

Je ne peux rien décider : je suis irrésolu.

LE CITOYEN.

Vous avez été appelé à siéger à la chambre en vertu de la loi du 5 février ?

LE DÉPUTÉ.

Cela est vrai.

LE CITOYEN.

Pourquoi donc auriez-vous de la rancune contre cette loi ?

LE DÉPUTÉ.

Je vous jure que je n'en ai pas du tout.

LE CITOYEN.

Faisiez-vous partie de la chambre *introuvable* ?

LE DÉPUTÉ.

Non, dieu merci.

LE CITOYEN.

Eh bien, la chambre formée par la nouvelle loi sera libérale comme celle de 1815. Par conséquent vous pourrez compter que l'entrée en sera fermée à vous et à tous ceux qui ont pris une part active à la révolution. Alors on verra reparaître le système des épurations qui depuis 1815 doit être nécessairement perfectionné ; on n'emploiera que des hommes bien dévoués et surtout bien connus par leurs principes monarchiques ; et tous ceux qui ont voté pour

la loi du 5 février et pour la loi de recrutement seront éli-
minés de droit.

LE DÉPUTÉ.

Les ultrà n'en sont pas encore là ; ils se flattent peut-
être en vain d'y arriver : nous verrons, nous verrons.

<div style="text-align:center">~~~~~~~~~~</div>

Je livre à mes lecteurs quelques morceaux destinés à
être insérés dans la *Renommée*, et rejetés par la censure.
Comme cette précieuse institution ne doit avoir chez nous
qu'une existence passagère, il convient de profiter du mo-
ment pour montrer aux électeurs futurs, comment les
agens de l'autorité usent des pouvoirs qui leur sont
confiés.

Les deux premières pièces n'ont pas besoin de commen-
taire. La dernière *seule*, relative à un personnage fameux
et long-temps populaire en France, ne se trouve ici que
comme un exemple de la complaisance méticuleuse
de nos hommes d'état pour le cabinet anglais. Il me
semble que si le *Morning-Chronicle* a pu, sans crime,
divulguer certains procédés de son gouvernement envers
un prisonnier d'état, les journalistes français ne sont pas
tenus à plus de ménagemens que le journaliste anglais, eux
qui n'ont contracté aucun engagement secret avec la di-
plomatie étrangère.

———

Premier morceau.

« Dans quel siècle vivons-nous ? C'est une question
qu'on est tenté de se faire chaque fois que l'on passe d'un

faubourg de Paris à l'autre : je sortais, jeudi dernier, d'un salon de la Chaussée-d'Antin, où j'avais entendu discuter, avec autant de force que de raison, sur les avantages du gouvernement constitutionnel, sur le principe d'une sage liberté fondée sur les lois, et je me félicitais de vivre à une époque et dans un pays où la raison humaine avait reçu tout son développement, et rendu à l'homme toute sa dignité ; j'arrive dans un salon surdoré du faubourg Saint-Germain ; tout ce qu'il y a de mieux dans le genre ultrà s'y trouvait rassemblé, on y parlait aussi politique ; il suffira de rapporter, sans y changer un mot, la fin d'un petit dialogue entre deux ducs, pour se faire une idée de l'esprit qui présidait à cette noble réunion.

« *Le duc de L.* J'en conviens avec vous, c'est un homme de mérite que M. C...., et nous devons lui savoir d'autant plus gré de la chaleur et du talent qu'il déploie en défendant la cause des priviléges, qu'il est plus désintéressé dans la question.

« *Le duc de S.* Comment donc ? n'est-il pas gentilhomme ?

Le duc de L. Pas même noble ; mais il n'y perdra rien ; tous ceux qui nous auront bien servis doivent être récompensés, c'est un point convenu : quant à moi, j'ai depuis long-temps songé à lui ; mon intention est de rétablir le bailliage de Vitré, et je l'ai fait prévenir que je le nommerais mon grand bailli.

« *Le duc de S.* Permettez, M. le duc, je révendique le droit de le récompenser : il est né sur un fief qui m'appartient ; mes mesures sont prises pour rétablir la sénéchaussée de S..... ; et si vous le trouvez bon, j'en ferai mon grand sénéchal.

« Dans tous les cas, le sort de cet honorable député est assuré; il sera grand bailli ou grand sénéchal; qui sait même s'il ne voudra pas cumuler les deux charges? Une fois en marche, l'ambition ne s'arrête pas facilement. »

Second morceau.

Monsieur J. F. B. Boyer-Fonfrède, avocat à la cour royale de Lyon, à monsieur le procureur du roi au tribunal de Lyon.

MONSIEUR,

« Je viens d'apprendre que des poursuites étaient dirigées contre M. Menue, etc., comme étant le rédacteur d'un écrit, et ayant pour but d'engager les Lyonnais à secourir les malheureuses victimes qui pourraient exister en vertu de la loi qui suspend la *liberté individuelle.* Si le fait est vrai, je viens, M. le procureur du roi, vous prier de me joindre aux prévenus. Comme eux je suis signataire de l'écrit que vous poursuivez. J'ai adhéré d'autant plus volontiers à cette œuvre patriotique, qu'ayant été, en vertu de la loi du 29 octobre 1815, victime du plus rigoureux arbitraire, plongé dans les cachots, détenu huit mois *sans écrou,* forcé par un préfet de signer ma demande en exil et la promesse de ne pas rentrer en France d'une année; mis ensuite en liberté, sans avoir pu obtenir copie des instruction, ni des ordres en vertu desquels je fus détenu. Possesseur à présent des lettres des autorités qui avaient donné l'ordre de ma mise en liberté, et malgré lesquels on m'a

retenu plus de six mois , n'ayant jamais pu obtenir justice ;
ayant été menacé de nouvelles persécutions ; ayant en un
mot souffert tout ce que *l'arbitraire* a de plus affreux , j'ai
cru qu'il était de mon devoir de venir au secours de tous
ceux qui pourraient éprouver les mêmes persécutions dont
j'ai été la victime.

Si secourir des malheureux est aujourd'hui un crime , je
souffrirai avec plaisir pour la cause de l'humanité. Heureux
de pouvoir enfin, devant les tribunaux, faire entendre des
vérités que l'on m'a toujours interdites.

« Dans le cas où vous ne croiriez pas devoir obtempérer
à ma demande , je rendrai ma lettre publique par la voie
de l'impression ».

Je vous salue, etc.

———

Troisième morceau.

On a reçu à Londres une lettre de James Town (île de
Saint-Hélène) à la date du 25 mars, en voici un extrait :
Sire Hudson Lowe s'occupe des préparatifs de son voyage
et attend à chaque instant son successeur. Quoi qu'on en
ait pu dire , la nouvelle maison de Bonaparte ne sera pas
terminée avant quinze ou seize mois. On le voit souvent
travailler à son jardin , et sa santé est maintenant beaucoup
meilleure. Lorsque quelques voyageurs de distinction de-
mandent à le visiter, le gouverneur répond qu'il est de
mauvaise humeur et ne veut voir personne. Le fait est
au contraire, que Bonaparte désire recevoir des visites, ce
que les autorités empêchent par toutes sortes d'artifices
qui sont bien connus dans l'île. Toutes les personnes qui
avaient l'ouvrage de M. O'Meara ont reçu ordre de le li-

vrer , et une récompense a été promise à quiconque en ferait découvrir quelque exemplaire. On visite de la manière la plus scrupuleuse tous les bâtimens qui arrivent d'Europe, et l'on exige des officiers leur parole d'honneur qu'ils n'ont ni livres ni journaux suspects. On ne se fait pas une idée du système de terreur et d'espionnage pratiqué à Sainte-Hélène : chacun se tient sur ses gardes , et la défiance est à l'ordre du jour. Laisser trouver entre ses mains un numéro du *Morning Chronicle* est le moyen le plus sûr et le plus prompt d'obtenir un passeport pour l'Europe ».

(Morning Chronicle.)

—A voir l'ardeur avec laquelle les ministres et leurs partisans travaillent à détruire la loi du 5 février pour lui substituer le système olygarchique de 1820, on se figure voir des imprudens qui se fatiguent à élever sur un penchant rapide un rocher qui doit bientôt crouler sur leurs têtes.

—Souvent l'horizon est sombre et nébuleux et un profond silence règne dans la nature. A peine un vent léger agite la cime des forêts. Malheur au voyageur qui se fierait à ce calme apparent.....il est le précurseur de l'orage.

IMPRIMERIE DE MADAME JEUNEHOMME-CRÉMIÈRE,
RUE HAUTEFEUILLE , n° 20.